HERBÍVOROS GIGANTES

POR **"DINO" DON LESSEM**

ILUSTRACIONES POR **JOHN BINDON**

EDICIONES LERNER / MINNEAPOLIS

Para Jack McIntosh, un gigante en el estudio de los dinosaurios gigantes

Traducción al español: copyright © 2006 por ediciones Lerner
Título original: *Giant Plant-Eating Dinosaurs*
Texto: copyright © 2005 por Dino Don, Inc.
Ilustraciones: copyright © 2005 por John Bindon

Fotografías cortesía de: Profesor Rodolfo Coria, Museo Carmen Funes, Plaza Huincul, Argentina, pág. 21;
© Dino Don, Inc., págs. 29–31.

La edición en español fue realizada por un equipo de traductores nativos de español de
translations.com, empresa mundial dedicada a la traducción.

ediciones Lerner
Una división de Lerner Publishing Group
241 First Avenue North
Minneapolis, MN 55401 EUA

Dirección de Internet: www.lernerbooks.com

Library of Congress Cataloging-in-Publication-Data

Lessem, Don.
   (Giant plant-eating dinosaurs. Spanish)
   Herbívoros gigantes / por "Dino" Don Lessem ; ilustraciones por John Bindon.
      p.   cm. — (Conoce a los dinosaurios)
   Includes index.
   ISBN-13: 978-0-8225-2964-4 (lib. bdg. : alk. paper)
   ISBN-10: 0-8225-2964-5 (lib. bdg : alk. paper)
   1. Dinosaurs—Juvenile literature. 2. Herbivores, Fossil—Juvenile literature. I. Bindon, John, ill. II. Title.
QE861.5.L47818 2006
567.9—dc22   2005008933

Fabricado en los Estados Unidos de América
1 2 3 4 5 6 – DP – 11 10 09 08 07 06

CONTENIDO

CONOCE A LOS
HERBÍVOROS GIGANTES

Soy "Dino" Don. Los dinosaurios ME ENCANTAN. Los herbívoros gigantes son algunos de mis dinosaurios favoritos. ¡Yo ayudé a desenterrar los huesos del más grande de todos! Ven a conocer algunos de estos fascinantes gigantes.

APATOSAURUS
Longitud: 85 pies (26 metros)
Hogar: oeste de Norteamérica
Época: hace 145 millones de años

ARGENTINOSAURUS
Longitud: 120 pies (37 metros)
Hogar: Argentina, Sudamérica
Época: hace 100 millones de años

BRACHIOSAURUS
Longitud: 84 pies (25.5 metros)
Hogar: oeste de Norteamérica
Época: hace 145 millones de años

DIPLODOCUS
Longitud: 100 pies (30.5 metros)
Hogar: oeste de Norteamérica
Época: hace 145 millones de años

SALTASAURUS
Longitud: 40 pies (12 metros)
Hogar: Sudamérica
Época: hace 83 millones de años

SEISMOSAURUS
Longitud: 125 pies (38 metros)
Hogar: suroeste de Norteamérica
Época: hace 145 millones de años

SHUNOSAURUS
Longitud: 46 pies (14 metros)
Hogar: este de Asia
Época: hace 175 millones de años

GIGANTES DEL PASADO

Viajemos por el tiempo a los bosques de Sudamérica de hace 100 millones de años. Estás de pie a la sombra de una criatura del tamaño de un edificio de departamentos. Está vivo, ¡y lo están atacando!

Los dinosaurios herbívoros gigantescos
como el *Argentinosaurus* fueron los
animales más grandes que han existido
sobre la tierra. Aun así, no estaban libres
de ataques. El *Argentinosaurus* debe
pelear con el *Giganotosaurus*, el rey de los
carnívoros, para sobrevivir.

LA ÉPOCA DE LOS HERBÍVOROS GIGANTES

Shunosaurus

Seismosaurus

Hace 175 millones
de años

Hace 145 millones
de años

Los dinosaurios como el *Argentinosaurus*
vivieron en tierra firme mucho antes que los
humanos. Los primeros aparecieron hace 230
millones de años. Algunos comían carne, y se
llamaban carnívoros. Otros eran **herbívoros,**
es decir, comían plantas. Algunos herbívoros
tenían un tamaño enorme.

Argentinosaurus

Saltasaurus

Hace 100 millones
de años

Hace 83 millones
de años

Los herbívoros gigantes tenían cabezas y
dientes diminutos. Todos caminaban en
cuatro patas, pero se diferenciaban en varios
aspectos. Unos tenían placas duras que
protegían su cuerpo. Otros tenían cuello largo.
Unos más tenían el cuello alto y estirado.
Algunos tenían una cola con mazo. Otros
tenían una cola larga con forma de látigo.

HALLAZGOS DE FÓSILES DE DINOSAURIOS

Los números en el mapa de la página 11 indican algunos de los lugares donde se han encontrado fósiles de los dinosaurios que aparecen en este libro. En esta página puedes ver los nombres y las siluetas de los dinosaurios que corresponden a los números en el mapa.

1. Apatosaurus   2. Argentinosaurus   3. Brachiosaurus   4. Diplodocus

5. Saltasaurus   6. Seismosaurus   7. Shunosaurus

Los herbívoros gigantes vivieron en más lugares que cualquier otro grupo de dinosaurios. Se han encontrado **fósiles** de herbívoros gigantes en Norteamérica, Sudamérica, Asia, África, Australia y Europa.

Los fósiles son rastros dejados por animales y plantas que murieron. Los científicos estudian los huesos, los dientes y las huellas que se han convertido en piedra para entender cómo vivían los herbívoros gigantes. Los fósiles de los huevos y las crías sin nacer de los dinosaurios muestran cómo crecían.

GRANDE, MÁS GRANDE, ENORME

Los dos dinosaurios que comen de estas ramas de árboles miden más que un edificio de cinco pisos. Son *Brachiosaurus*, los dinosaurios más altos del mundo.

Los científicos creen que los *Brachiosaurus*
y otros herbívoros gigantes tragaban
piedras, llamadas gastrolitos. En el
estómago, los gastrolitos se frotaban contra
las plantas que comía el dinosaurio. La
fricción ayudaba a triturar las plantas para
que pudieran usarse como alimento.

Un herbívoro gigante increíblemente largo
se estira en busca de alimento. El
Seismosaurus es más largo que 4 autobuses
escolares y pesa lo mismo que 10.

El *Seismosaurus* era el dinosaurio más largo. Medía 125 pies (38 metros) o más desde la diminuta cabeza hasta la cola con forma de látigo. Su nombre significa "el que estremece la tierra".

La tierra tiembla cuando se aproxima uno de los animales más pesados que han caminado sobre la superficie terrestre. Este herbívoro es el *Argentinosaurus*. ¡Pesa lo mismo que una ballena azul y es tan grande como una escuela primaria!

¿Cómo encontraban estos enormes animales suficiente alimento? Es posible que se hayan alimentado de las semillas de los conos de los árboles de hoja perenne. También, que hayan **migrado** para encontrar alimento. Los animales que migran se mudan a regiones nuevas al cambiar las estaciones.

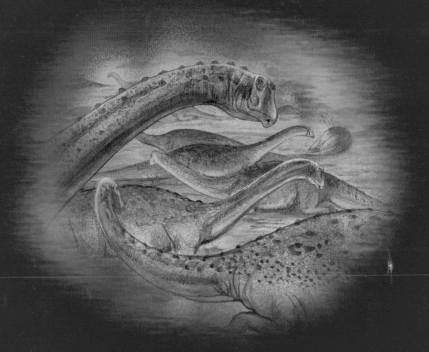

VIDAS GIGANTES

Todos los dinosaurios que conocemos nacían de huevos. La mayoría ponía huevos en nidos. Al nacer, las crías dependían de los padres para obtener alimento y cuidados. Sin embargo, algunos herbívoros gigantes ponían sus huevos formando una línea mientras caminaban, no en un nido.

Es posible que el *Apatosaurus* haya puesto
huevos de esta forma. Las crías tenían que
buscar su propio alimento en cuanto
nacían, pues los padres se habían ido
hacía mucho tiempo.

Algunos herbívoros sí ponían huevos en nidos. Los científicos han encontrado fósiles de lugares de anidamiento de miles de herbívoros gigantes en Argentina, un país de Sudamérica. Los nidos estaban dispuestos uno al lado del otro por más de una milla.

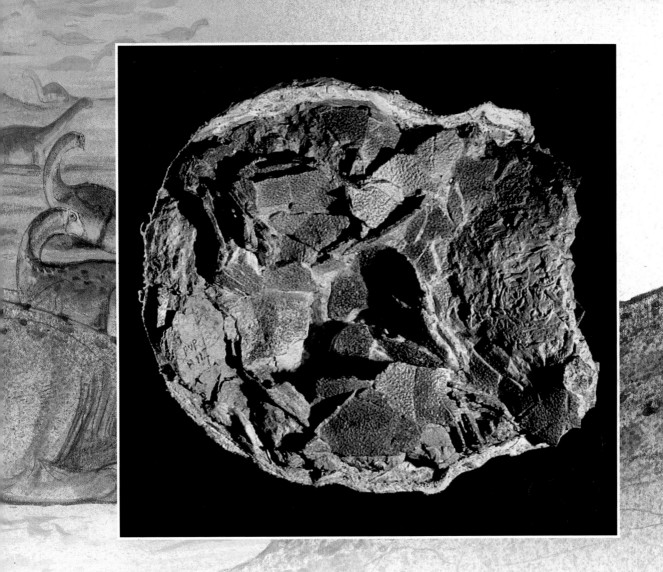

Dentro de muchos de los huevos hay fósiles de crías de dinosaurio sin nacer. La mayoría de los fósiles sólo muestran huesos, pero algunos contienen piel que se ha convertido en piedra.

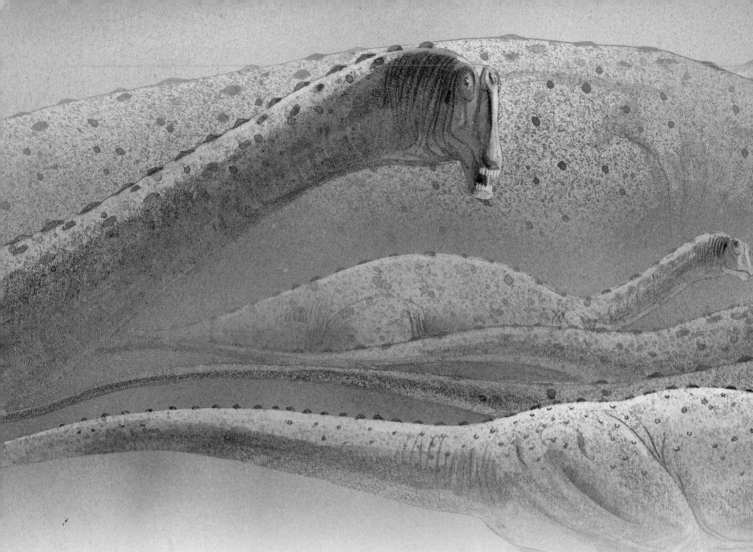

Una **manada** de *Saltasaurus* viaja a campo abierto. Para protegerse, estos enormes herbívoros tienen unas placas, llamadas **coraza,** en los costados. Sin embargo, los científicos creen que los *Saltasaurus* quizá nacían sin coraza. ¿Cómo permanecían a salvo las crías de dinosaurio?

Las huellas fósiles nos han enseñado que los *Saltasaurus* mantenían a las crías en el centro de la manada. Así, varios adultos enormes las protegían de los ataques.

Un *Shunosaurus* es atacado por un grupo
de *Gasosaurus* hambrientos. El herbívoro
intenta golpear a los cazadores con su
larga cola. Una pesada bola de hueso en
la punta de la cola zumba al cortar el aire.

La mayoría de los herbívoros gigantes no
tenían colas con mazo ni otras armas.
Permanecían seguros ya que eran muy
grandes para que la mayoría de los demás
dinosaurios los pudieran matar.

Un *Diplodocus* usa su larga y delgada cola
como látigo para defenderse de un
Allosaurus que se acerca. La cola no golpea
al *Allosaurus*, pero se mueve tan rápido por el
aire que produce un ruido retumbante.

¿Era suficiente el ruido producido por la
cola para ahuyentar a un atacante como
el *Allosaurus*? No lo sabemos con certeza,
pero los científicos creen que es posible.

DESCUBRIMIENTOS GIGANTES

Los herbívoros gigantes sobrevivieron hasta el final de la época de los dinosaurios, hace 65 millones de años. Nadie sabe a ciencia cierta por qué los dinosaurios desaparecieron en ese momento. Sí sabemos que los herbívoros gigantes dejaron muchas pistas sobre cómo vivían.

Conocemos a algunos herbívoros gigantes
desde hace muchos años, pero los fósiles del
Argentinosaurus recién fueron encontrados
en 1988. ¡La parte de la columna vertebral
de un *Argentinosaurus* que aparece en el
centro de esta fotografía es más grande que
tú! ¿Puedes adivinar dónde lo encontraron?

Trabajé en Argentina con científicos y artistas para reconstruir el primer esqueleto de *Argentinosaurus*. Primero, el equipo desenterró los huesos y los limpió. Los artistas hicieron copias de los huesos, llamadas vaciados. Los huesos reales fueron conservados para que los científicos los estudiaran.

Luego colocamos varas metálicas dentro de los huesos vaciados. En un museo unimos las varas para construir el esqueleto. ¡El dinosaurio más grande de todos vuelve a erguirse!

GLOSARIO

coraza: placas óseas del cuerpo de algunos dinosaurios

fósiles: restos, huellas o rastros de algo que vivió hace mucho tiempo

herbívoros: animales que comen plantas

manada: grupo de animales que viven, comen y viajan juntos

migración: mudarse de un lugar a otro para sobrevivir

ÍNDICE